DE LA NÉCESSITÉ

DE RÉVISER

LA LOI SUR LES VENTES JUDICIAIRES

DES BIENS IMMEUBLES.

Par Hip. Durand.

PRIX : **50** CENT.

PARIS,

CHEZ LES MARCHANDS DE NOUVEAUTÉS.

NEVERS,

CHEZ I.-C. LAURENT, LIBRAIRE.

1845.

DE LA NÉCESSITÉ

DE RÉVISER

LA LOI SUR LES VENTES JUDICIAIRES
DES BIENS IMMEUBLES.

PAR HIP. DURAND.

PRIX : **50** CENT.

PARIS,
CHEZ LES MARCHANDS DE NOUVEAUTÈS.

NEVERS,
CHEZ I.-C. LAURENT, LIBRAIRE.

—

1845.

AVERTISSEMENT.

Les personnes qui voudront vérifier l'exactitude des cita-
tions faites dans cet opuscule, auront soin de se procurer le
Moniteur et les *Exposés de motifs, Projets* et *Rapports* imprimés
par ordre des Chambres. Tous ces documents ont été réim-
primés depuis la promulgation de la loi du 2 juin ; mais l'édition
que l'auteur a sous les yeux reproduisant inexactement plusieurs passages cités, on n'y trouverait pas les erreurs qui
vont être remarquées.

Il faudra aussi se reporter au texte même de la loi promulguée, dans le *Bulletin des lois,* 9ᵉ série, bull. 815. Dans l'art.
970 du Code de procédure, publié n° 948 du *Bulletin des lois,*
9ᵉ série, l'art. 954 a été substitué à l'art 955. L'auteur ignore
s'il y a d'autres différences.

DE LA NÉCESSITÉ

DE RÉVISER

LA LOI SUR LES VENTES JUDICIAIRES

DES BIENS IMMEUBLES.

Le projet de réformer partiellement le Code de procédure civile remontait à la Restauration. Le ministre
de la justice, par une circulaire du 22 mai 1827, avait
demandé à la Cour de cassation et aux Cours royales de
lui faire connaître les modifications qu'elles croyaient
nécessaire d'introduire dans la législation des saisies
immobilières. Des observations adressées alors à la
Chancellerie, surgit la pensée d'étendre la réforme à
toutes les ventes judiciaires des biens immeubles. Un
premier projet réalisant cette idée, fut rédigé en 1829
et communiqué aux grands corps judiciaires. La ré-
volution de juillet interrompit ces travaux prépara-
toires. Quelques années après ils furent repris. En

1838 , une commission composée de membres des deux Chambres, du Conseil d'État, de la magistrature et du barreau , eut mission d'élaborer un nouveau projet de loi qui fut encore soumis aux observations des cours, puis modifié et présenté le 11 janvier 1840 à la Chambre des Pairs. Il dut aux lumières et à l'expérience de cette assemblée plusieurs améliorations. Elle substitua, pour arrêter les loyers et fermages des immeubles saisis , le simple acte d'opposition à la procédure longue et dispendieuse de la saisie arrêt , et donna plus d'extension à la surenchère du sixième. La Chambre des députés apporta aussi à ce projet de loi le tribut de ses connaissances. De savants magistrats , d'anciens ministres composaient les commissions des deux Chambres. La plupart des Pairs ou des députés, renommés comme jurisconsultes, intervinrent dans les discussions qui ne furent terminées que le 29 avril 1841, près de 16 mois après la présentation du projet de loi à la Chambre des Pairs.

La loi promulguée le 2 juin suivant a, sur le Code de 1806 , l'avantage d'abréger les délais, de réduire le nombre des formalités et de diminuer les frais. Si elle n'admet pas la procédure simple, rapide et économique de la deuxième loi du 11 brumaire an 7, sur le régime hypothécaire , ce n'est pas un défaut pour les esprits circonspects qui pensent que l'expropriation des biens immeubles doit être environnée de formalités conservatrices du droit de propriété. Cependant, il faut le dire, les hommes éminens qui ont mis la dernière main à la nouvelle loi, en négligeant de descendre dans plusieurs détails, ont laissé leur œuvre entachée d'imperfections radicales.

Le premier vice de la loi du 2 juin, c'est que le texte promulgué n'est pas entièrement conforme à celui que le *Moniteur* constate avoir été adopté par l'une ou l'autre Chambre et quelquefois par toutes deux. Ces différences ne présentent pas une simple question de procédure, elle vont plus haut : elles soulèvent une thèse de droit public dont le point de fait pourrait être formulé ainsi : Les articles 681, 743, 838, 964, 975 et 988 expriment-ils les derniers votes du pouvoir parlementaire ?

ARTICLE 681.

La Chambre des députés a été entraînée par sa commission dans une étrange méprise au sujet de l'article 681. Il y avait deux systèmes pour ôter au débiteur l'administration des immeubles saisis. La Chambre des pairs, sur la proposition de sa commission, avait d'abord décidé que le président du tribunal statuerait sur simple requête, en l'absence du saisi. La Chambre des députés admit, au contraire, lors de la première discussion de la loi, que ce dernier serait appelé et que le président jugerait en état de référé.

La commission de la Chambre des pairs persista dans son système des ordonnances sur simple re-

quête. Mais la Chambre prit un terme moyen : dans sa
séance du 16 mars 1841, elle adopta les ordonnances
sur référé , pour la nomination du sequestre et l'autorisation de couper et de vendre les fruits , et les
ordonnances sur simple requête pour déterminer le
délai et le mode de la vente.

M. le garde des sceaux , en présentant de nouveau
le projet de loi à la Chambre des députés, s'exprima
ainsi le 3 avril 1841 :

« La Chambre des pairs a adopté la forme des or-
« donnances sur référé que vous aviez introduite dans
« l'article 681, pour le cas où il y aurait lieu de pro-
« noncer sur la continuation de l'administration ou
« sur la vente des fruits. Votre système une fois ad-
« mis, c'est-à-dire, les parties intéressées pouvant se
« faire entendre, il nous a semblé qu'il y avait avan-
« tage incontestable à confier au magistrat placé à la
« tête du tribunal , le choix du mode de vente des
« fruits récoltés sur l'immeuble. » (Impression n° 125,
Chambre des députés, session de 1841, page 2.)

Nonobstant ces paroles du ministre de la justice ,
nonobstant le texte du projet qui accompagnait l'ex-
posé des motifs, et dont l'article 681 portait que les
ordonnances seraient rendues sur référé, la commission de la Chambre des députés confondit la proposition de la commission de la Chambre des pairs avec
le vote, et proposa à la Chambre des députés de re-
venir sur sa décision , et de permettre sur simple re-

quête la nomination du sequestre et l'autorisation de couper et de vendre les fruits. Voici à cet égard les termes du rapport présenté à la séance du 22 avril 1841 :

« Le saisi demeure en possession jusqu'au juge-
« ment d'adjudication. Cependant il peut en être au-
« trement ordonné par le président du tribunal, sur
« la demande d'un ou plusieurs créanciers qui ont le
« droit aussi, de se faire autoriser à couper et vendre
« les fruits. Dans quelle forme l'ordonnance du ma-
« gistrat sera-elle rendue? Suivra-t-on la forme des
« référés en assignant la partie, ou sera-t-il statué
« sur simple requête? La Chambre des députés avait
« préféré l'ordonnance sur référé, comme offrant plus
« de garantie. *La Chambre des pairs insiste pour que*
« *l'ordonnance soit rendue sur requête. Elle y voit*
« *l'avantage d'éviter des frais, en prévenant l'occasion*
« *d'un procès incident, et ce mode lui paraît être plus*
« *conforme à l'esprit général du projet. Votre com-*
« *mission est d'autant plus disposée à se ranger à cette*
« *opinion, qu'elle l'avait partagée dans son premier*
« *rapport. L'acte du président étant conservatoire, et*
« *déterminé par des raisons d'urgence, il a fallu en*
« *assurer l'exécution nonobstant l'appel et interdire*
« *l'opposition. C'est ce qu'explique la nouvelle rédac-*
« *tion de l'article 681, dont nous n'hésitons pas à pro-*
« *poser l'adoption, en accordant aussi au président du*
« *tribunal le droit de prescrire le mode dans lequel la*

« *vente des fruits sera faite.* » (Impressions n° 166,
Chambre des députés, session de 1841, page 2 et 5.)

Le projet fut mis à l'ordre du jour de la Chambre
du 29 avril; personne ne fit d'observations, et l'un des
vice-présidents qui occupait le fauteuil au moment
de mettre aux voix les articles, s'exprima ainsi :

« L'ordre du jour appelle maintenant la discussion
« du projet de loi relatif aux ventes judiciaires de
« biens immeubles, qui a déjà été discuté dans cette
« enceinte, et qui nous revient avec des amendements
« de la Chambre des pairs qui sont adoptés par la
« commission.

« Personne ne demande la parole. Je consulte la
« Chambre sur la question de savoir si elle entend
« passer à la discussion des articles.

« (La Chambre consultée passe à la discussion des
« articles.)

« Je donne lecture des articles amendés par la
« Chambre des pairs, en rappelant que ces amende-
« ments sont adoptés par la commission :

« Art. 681. Si les immeubles saisis ne sont pas
« loués ou affermés, le saisi restera en possession jus-
« qu'à la vente, comme sequestre judiciaire, à moins
« que sur la demande d'un ou de plusieurs créan-
« ciers, il n'en soit autrement ordonné par le prési-
« dent du tribunal.

« Les créanciers pourront néanmoins, après y avoir
« été autorisés par ordonnance du président, *rendue*

« *sur simple requête*, faire faire la coupe et la vente
« en tout ou en partie des fruits pendants par les ra-
« cines.

« Les ordonnances du président relatives à la no-
« mination du sequestre, ou à la coupe des fruits ne
« sont pas susceptibles d'opposition. Elles seront exé-
« cutoires nonobstant appel.

« Les fruits seront vendus aux enchères, ou de
« toute autre manière autorisée par le président,
« dans le délai qu'il aura fixé, et le prix sera déposé à
« la caisse des dépôts et consignations (ADOPTÉ.)» (*Mo-*
nit. du 30 *avril* 1841, *page* 1161, *première colonne.*)

Ainsi, la Chambre des députés revint sur sa décision et vota la disposition consacrant les ordonnances
sur simple requête, qui avait été repoussée par la
Chambre des pairs.

C'est en cet état que le projet de loi a reçu la sanc-
tion royale.

Le texte promulgué de l'article 681 est ainsi conçu:
« Si les immeubles saisis ne sont pas loués ou af-
« fermés, le saisi restera en possession jusqu'à la
« vente, comme sequestre judiciaire, à moins que sur
« la demande d'un ou plusieurs créanciers, il n'en
« soit autrement ordonné par le président du tribu-
« nal, *dans la forme des ordonnances sur référé.*

« Les créanciers pourront néanmoins, après y avoir
« été autorisés par ordonnances du président *rendues*
« *dans la même forme*, faire procéder à la coupe et à

« la vente , en tout ou en partie, des fruits pendants
« par les racines.

« Les fruits seront vendus aux enchères , ou de
« toute autre manière autorisée par le président dans
« le délai qu'il aura fixé, et le prix sera déposé à la
« caisse des dépôts et consignations. » (Bulletin des
lois , 9ᵉ série, bulletin 815.)

Ce texte est celui adopté par la Chambre des pairs,
mais auquel manquait , comme on vient de le voir,
le concours de la Chambre élective.

ARTICLES 743, 858, 973 et 988.

Il y a une explication à donner sur la manière dont
ces articles ont été adoptés par la Chambre des pairs,
lorsque le projet lui a été soumis de nouveau le premier février 1841. Au moment de passer à la discussion le 16 mars suivant, M. le chancelier s'exprima ainsi :

« L'ordre du jour appelle la discussion du projet
« de loi relatif aux ventes judiciaires des biens im-
« meubles.

« Quelqu'un demande-t-il la parole sur l'ensemble
« de ce projet ?

« La Chambre sait que ce projet de loi a été discuté
« dans son sein , qu'il a été porté à la Chambre des
« députés et qu'il en est revenu avec quelques amen-

« dements. La Chambre sait aussi que presque toutes
« les dispositions qu'elle avait déjà votées , sont con-
« servées dans le projet. Il n'y a qu'un assez petit
« nombre d'amendements qui ont été proposés par la
« commission. La Chambre veut-elle que je repasse
« tous les articles du projet qui sont infiniment nom-
« breux ? (Non ! non !) Ou bien veut-elle seulement
« que je mette en discussion les amendements pro-
« posés par la commission ? (Oui ! oui !) » (*Moniteur
du* 17 *mars* 1841, *page* 657, 2° *colonne.)*

On ne mit donc pas aux voix séparément les modifications admises par la commission de la Chambre
des pairs : elles furent adoptées en masse à la séance
du 20 mars , comme elles avaient été présentées par
M. le garde des sceaux , dans le projet du 1er février
1841 , et proposées par la commission dans celui du
5 mars suivant. Ainsi , il faut se reporter à ces deux
projets pour savoir dans quels termes ont été votées
par la Chambre des pairs, les dispositions que la commission n'avait pas amendées lors de son deuxième
rapport; et de ce nombre étaient les 2es §§ des articles
743, 838, 988 et le 3e § de l'article 975.

ARTICLE 743 , § 2.

Si l'on compare le projet présenté par M. le garde-des-sceaux le 1er février , et celui qui a été proposé par la commission le 5 mars , avec le texte de la loi du 2 juin , on s'aperçoit que la Chambre des pairs a voté l'article 743 , § 2 , sans renvoi à l'article 964, et que ce numéro a été ajouté dans l'article 743 de la loi ; rapprocher ces textes , c'est prouver cette différence.

Projet du gouvernement présenté à la Chambre des Pairs le 1er février 1841, et projet proposé par la commission le 5 mars suivant, et adopté le 20 du même mois.	*Bulletin des lois, 815,* 9ᵉ SÉRIE.
ART. 743 , § 2. Néanmoins , lorsqu'un immeuble aura été saisi réellement et lorsque la saisie aura été transcrite, il sera libre aux intéressés , s'ils sont tous majeurs et maîtres de leurs droits, de demander que l'adjudication soit faite aux enchères devant notaire ou en justice, sans autres formalités et conditions que celles qui sont prescrites aux articles 958, 959, 960, 961 , 962 et 965 , pour la vente des biens immeubles appartenant à des mineurs. (*Page 23 du projet du gouvernement, et 52 de celui de la commission. Impr. nᵒˢ 22 et 42, 1841 , Chambre des Pairs.*)	ART. 743 , § 2. Néanmoins , lorsqu'un immeuble aura été saisi réellement et lorsque la saisie aura été transcrite, il sera libre aux intéressés , s'ils sont tous majeurs et maîtres de leurs droits, de demander que l'adjudication soit faite aux enchères devant notaire ou en justice, sans autres formalités et conditions que celles qui sont prescrites aux articles 958 , 959 , 960 , 961 , 962, *964* et 965 , pour la vente des biens immeubles appartenant à des mineurs.

ARTICLE 973 , § 3.

En mettant en regard le texte voté et celui qui a été promulgué , on verra que l'article 973 § 3, a été adopté par la Chambre des pairs sans renvoi à l'article 751, et qu'il y est renvoyé par le § 3 de l'article 975 de la loi.

Projets du gouvernement et de la commiss. de la Chambre des Pairs, présentés les 1er février et 5 mars, adoptés le 20 mars.	Bulletin des lois, BULL. 815, 9e SÉRIE.
ART. 973, § 3. Le jugement qui interviendra ne pourra être attaqué que par la voie de l'appel, dans les formes et délais prescrits par l'art. 732 du présent code (Page 36 du projet du gouvernement, et 65 du projet de la commission, ci-dessus cités.)	ART. 973, § 3. Le jugement qui interviendra ne pourra être attaqué que par la voie de l'appel, dans les formes et délais prescrits par les articles 731 et 732 du présent code.

ARTICLES 838 § 2, 964 § 1 ET 988 § 2.

La Chambre des pairs n'a voté ni le renvoi à l'article 731 dans l'article 858, ni celui dans l'article 964 aux articles 701 et 733, ni celui à ce dernier numéro par l'article 988.

La Chambre des députés n'a pas voté dans l'article 964 de renvoi aux articles 715. 707 et 742, ni à ces deux derniers numéros dans l'article 988.

Mais la différence la plus importante, c'est que le renvoi au premier § de l'article 711, n'a pas été voté par la Chambre des pairs dans l'article 858, et qu'aucune des deux Chambres n'a voté ce renvoi dans les articles 964 et 988. Il faut mettre ces différents textes sous les yeux avant d'expliquer, à ce dernier égard, l'inopportunité du changement apporté par la loi aux projets adoptés par les Chambres.

Projet du gouvernement présenté à la Chambre des Pairs le 1er févr., page 28 , et projet proposé par la commission le 5 mars , pages 57 et 58, et adopté le 20 du même mois.

Bulletin des lois ,

BULL. 815, 9ᵉ SÉRIE.

ART. 838, § 2. Sont applicables au cas de surenchère les articles 701, 702, 705 , 706 , 707 , *711 paragraphe* 2 , 712 , 713 , 717 , 732 , 733 du présent code, ainsi que les articles 734 et suivants relatifs à la folle enchère.

ART. 838, § 2. Sont applicables au cas de surenchère les articles 701, 702, 705, 706, 707, *711*, 712, 713, 717, *731*, 732, 733 du présent code, ainsi que les articles 734 et suivants relatifs à la folle enchère.

Art. 964 , § 1, voté par la Chambre des Pairs le 20 mars 1841, Moniteur du 21 , p. 699 , 3ᵉ colonne.

Art. 964 , § 1 , voté par la Chambre des Députés, le 29 avril 1841. Moniteur du 30 , page 1161, 2ᵉ colonne.

Art. 964 § 1 de la loi. Bulletin des lois, bulletin 815, 9ᵉ série.

Sont déclarés communs au présent titre les art. 705, 706, 707, 711 § 2, 712, 713, 734, 735, 736, 737, 738, 739, 740, 741 et 742.

Sont déclarés communs au présent titre les art. 701, 705, 706, 711 § 2 , 712 , 733 , 734 , 735 , 736, 737, 738 , 739 , 740 , 741.

Sont déclarés communs au présent titre les art. 701, 705 , 706 , 707 , 711, 712, 713, 733 , 734 , 735, 736, 737, 738 , 739 , 740, 741 et 742.

ART. 988 , § 2 *du projet du gouvernement présenté à la Chambre des Pairs le 1er fév. 1841, page 38, et du projet de la commission proposé le 5 mars , p. 67, adopté le 20 du même mois.*

Art. 988, § 2 voté par la Chambre des députés le 29 avril 1841. Moniteur du 30, p. 1161, 2ᵉ colonne.

Art. 988 , § 2 , Bulletin 815, 9ᵉ série.

Sont déclarés communs au présent titre les art. 701, 702, 705, 706, 707, *711* § 2 , 712 , 713 , 734, 735, 736, 737 , 738 , 739, 740, 741 , 742 et les quatre derniers paragraphes de l'art. 964 du présent code. (N. B. Ces 4 paragraphes ont formé les 2 derniers paragraphes de l'art. 964 et l'art. 965 , par suite de la division faite par la Chambre des Pairs de l'article 964 en 2 articles , sous les nᵒˢ 964 et 965.)

Sont déclarés communs au présent titre les art. 701, 702, 705 , 706, 711 § 2, 712, 713, 733, 734, 735, 736, 737, 738, 739, 740 , 741, les deux derniers § de l'art. 964, et l'art. 965 du présent code.

Sont déclarés communs au présent titre les art. 701, 702, 705 , 706, 707, 711, 712, 713, 733 , 734, 735, 736, 737, 738 , 739, 740, 741, 742 , les 2 derniers paragraphes de l'art. 964 et l'art. 965 du présent code.

Le renvoi au 2ᵉ § de l'article 711 et non au premier, rentrait d'autant mieux dans l'esprit de la loi,
que la division de cet article en deux paragraphes
avait été faite avec cette intention. L'article 711 du 1ᵉʳ
projet présenté à la Chambre des députés était rédigé en un seul alinéa. A la séance du 14 janvier 1841,
M. le rapporteur fit les observations suivantes :

« L'article 711 prévoit trois cas dans lesquels la
« nullité de l'adjudication peut être prononcée, à rai-
« son des personnes pour lesquelles l'enchère aurait
« été rapportée.

« Il s'agit du cas où l'avoué se serait porté enchéris-
« seur pour le saisi ou pour les personnes notoire-
« ment insolvables, et du cas encore où l'avoué au-
« rait rapporté l'adjudication pour son propre intérêt.

« M. Thil. Changez-vous la rédaction ?

« M. le Rapporteur. Oui, je propose un change-
« ment de rédaction seulement.

« Dans ces deux cas il doit y avoir lieu d'appliquer
« cette disposition aux ventes faites après surenchère
« sur aliénations volontaires, aux ventes faites de biens
« de mineurs et sur licitation. Mais dans la première
« hypothèse prévue par l'article, l'adjudication serait
« nulle, si elle était rapportée dans l'intérêt des mem-
« bres du tribunal. Il a paru que des doutes pou-
« vaient s'élever pour savoir si ces dispositions se-
« raient appliquées aux cas des ventes dont je viens
« de parler. Si un membre du tribunal, par exemple,

« est créancier inscrit, il faut bien qu'il puisse su-
« renchérir; s'il est parent de la famille dont les
« biens sont mis en vente, il faut bien aussi qu'il ait
« cette liberté. Aussi, dans l'état actuel des choses,
« l'incapacité écrite dans l'article 711 n'est pas ap-
« pliquée aux ventes sur licitation, aux ventes de
« biens de mineurs, aux ventes par aliénation volon-
« taire.

« Nous vous proposons de rédiger l'article 711 en
« deux dispositions, en deux § qui permettent de
« renvoyer ultérieurement à l'un de ces § auxquels
« doivent être appliquées les ventes, et de ne pas ren-
« renvoyer à l'autre. C'est donc un simple change-
« ment de rédaction que nous avons l'honneur de
« vous proposer. » (*Moniteur du* 15 *janvier* 1841, *page*
109, 2ᵉ *colonne*.)

Cette proposition fut adoptée, et l'article 711 par-
tagé en deux §. La défense faite aux avoués, dans le
premier, d'enchérir pour les membres du tribunal devant lequel se poursuit la vente, devait s'appliquer
seulement aux adjudications par suite de saisie immobilière. Cette volonté des Chambres se manifeste
par les motifs qui ont fait diviser l'article 711 en deux
alinéas, et par le vote des articles 838, 964 et 988, qui
déclaraient seulement le 2ᵉ § de l'article 711 com-
mun aux surenchères du dixième, aux ventes de
biens de mineurs et aux licitations. Et cependant, la
loi du 2 juin interdit aux avoués dans toutes les

ventes judiciaires des biens immeubles, d'enchérir
pour les membres du tribunal devant lequel se poursuit la vente.

En apportant plus d'attention dans l'examen des
textes du projet, on eût facilement évité ces différences, ces contradictions et les anomalies dont il reste
à parler.

Plusieurs articles se réfèrent à des dispositions
inapplicables et omettent des renvois nécessaires. La
cause de cette confusion est très simple. On a changé
l'ordre d'un assez grand nombre de dispositions,
et l'on a oublié souvent de substituer dans les articles qui s'y réfèrent ou les déclarent communs les
nouveaux numéros aux anciens.

Article 698.

Le projet du gouvernement prescrivait, article
697, de justifier de l'annonce de la vente, *énoncée en
l'article précédent* (696 par conséquent), au moyen
d'un exemplaire légalisé du journal. On a intercalé
l'article 701 du projet relatif aux annonces facultatives, entre l'article 696 et l'article 697 qui est devenu
l'article 698 de la loi, et on a laissé subsister les mots

énoncé en l'article précédent, qui dans le projet pri-
mitif s'appliquaient à l'annonce indispensable et dans
l'article 698 concernent les annonces facultatives.
De sorte que la loi prise à la lettre, ne dit pas comment il sera justifié de l'insertion dans le journal
judiciaire de l'annonce exigée à peine de nullité, et
que pour prononcer cette nullité, si la justification
n'est pas faite dans les formes de l'article 698, il faut
raisonner par analogie et rechercher l'intention du
législateur. Or, il est de principe que les nullités étant
de droit rigoureux, il ne faut admettre que celles qui
sont formellement écrites dans la loi. (1)

---

(1) *Texte des articles 696, 697 et 701 du projet du gouvernement présenté à la Chambre des Pairs le 11 janvier 1840. Impression n° 7, 1840.*

Art. 696. Trente jours au plus tôt et quinze jours au plus tard avant l'adjudication, l'avoué poursuivant fera insérer un extrait signé de lui dans le journal de l'arrondissement, ou, s'il n'y en a pas, dans celui du département où sont situés les biens saisis, et qui aura été désigné, par délibération du tribunal, pour recevoir les annonces judiciaires, lequel extrait contiendra :
1° La date de la saisie et de sa transcription ;
2° Les noms, professions, demeures du saisi, du saisissant et de l'avoué de ce dernier ;
3° Les noms des maires qui auront visé les procès verbaux de saisie ;
4° La désignation des immeubles telle qu'elle a été insérée dans le procès verbal ;
5° La mise à prix ;
6° L'indication du tribunal où la

Texte des articles 696, 697 et 698 de la loi tels qu'ils ont été promulgués. Bulletin des lois 815, 9e série.

Art. 696. Quarante jours au plus tôt et vingt jours au plus tard avant l'adjudication, l'avoué du poursuivant fera insérer, dans un journal publié dans le département où sont situés les biens, un extrait signé de lui et contenant :
1° La date de la saisie et de sa transcription ;
2° Les noms, professions, demeures du saisi, du saisissant et de l'avoué de ce dernier ;
3° La désignation des immeubles, telle qu'elle a été insérée dans le procès-verbal ;
4° La mise à prix ;
5° L'indication du tribunal où la saisie se poursuit, et des jours, lieu et heure de l'adjudication.
A cet effet, les cours royales, chambres réunies, après un avis motivé des tribunaux de première instance respectifs, et sur les réquisitions écrites du

ARTICLES 718, 964 et 988.

L'article 718 du projet du gouvernement renvoyait à l'article 726. La Chambre des députés, sur la proposition de sa commission, ayant supprimé l'article 725, l'article 726 est devenu l'article 725. Mais on a laissé subsister dans l'article 718, le numéro 726. Cette

---

saisie se poursuit, et des jour, lieu et heure de l'adjudication.

Art. 697. Il sera justifié de l'insertion aux journaux par un exemplaire de la feuille contenant l'extrait énoncé en *l'article précédent;* cet exemplaire portera la signature de l'imprimeur légalisée par le maire.

Art. 701. Lors que le poursuivant estimera qu'il y aurait lieu de faire l'annonce de la publication et de l'adjudication dans des journaux autres que ceux déterminés par la loi, il devra obtenir à cet effet, du président du tribunal, l'autorisation nécessaire. Les frais d'insertion extraordinaires n'entreront en taxe que dans le cas où l'autorisation aura été accordée.

ministère public, désigneront chaque année, dans la première quinzaine de décembre, pour chaque arrondissement de leur ressort, parmi les journaux qui se publient dans le département, un ou plusieurs journaux où devront être insérées les annonces judiciaires. Les cours royales régleront en même temps le tarif de l'impression de ces annonces. Néanmoins, toutes les annonces judiciaires relatives à la même saisie seront insérées dans le même journal.

Art. 697. Lorsque, indépendamment des insertions prescrites par l'article précédent, le poursuivant, le saisi, ou l'un des créanciers inscrits, estimera qu'il y aurait lieu de faire d'autres annonces de l'adjudication par la voie des journaux, le président du tribunal devant lequel se poursuit la vente pourra, si l'importance des biens paraît l'exiger, autoriser cette insertion extraordinaire. Les frais n'entreront en taxe que dans le cas où cette autorisation aurait été accordée. L'ordonnance du président ne sera soumise à aucun recours.

Art. 698. Il sera justifié de l'insertion aux journaux par un exemplaire de la feuille contenant l'extrait *énoncé en l'article précédent;* cet exemplaire portera la signature de l'imprimeur, légalisée par le maire.

suppression a occasionné deux autres erreurs ; les articles 965 et 988 du projet renvoyaient à l'article 742 devenu l'article 741 de la loi ; on a oublié de retrancher le numéro 742 des articles 964 (965 du projet) et 988. Ces erreurs sont si évidentes qu'elles ne peuvent donner lieu à aucune difficulté ; mais elles sont un témoignage de négligence législative (1).

---

(1) *Texte des articles 718, 723, 726, 742 , 965 1ᵉʳ § et 988 2ᵉ § du projet du gouvernement présenté à la Chambre des députés le 18 mai 1840. Impression nº 140, session de 1840.*

Art. 718. Toute demande incidente à une poursuite de saisie immobilière sera formée par un simple acte d'avoué à avoué, contenant les moyens et conclusions ; elle sera formée contre toute partie n'ayant pas d'avoué en cause, par exploit d'ajournement à huit jours, sans augmentation de délai à raison des distances, si ce n'est dans le cas de l'article 726, et sans préliminaire de conciliation. Ces demandes seront instruites et jugées comme affaires sommaires. Tout jugement qui interviendra ne pourra être rendu que sur les conclusions du ministère public.

Art. 723. La demande en subrogation sera introduite contre le poursuivant et le saisi de la manière et dans les formes prescrites par l'article 718.

Art. 726. La demande en distraction de tout ou partie des objets saisis sera formée, tant contre le saisissant que contre la partie saisie et le créancier premier inscrit au domicile élu par l'inscription.

Texte des articles 718, 723, 725, 726, 742, 964, § 1ᵉʳ, et 988 § 2, tels qu'ils ont été promulgués. Bulletin des lois 815, 9ᵉ série.

Art. 718. Toute demande incidente à une poursuite en saisie immobilière sera formée par un simple acte d'avoué à avoué, contenant les moyens et conclusions. Cette demande sera formée contre toute partie n'ayant pas d'avoué en cause, par exploit d'ajournement à huit jours, sans augmentation de délai à raison des distances, si ce n'est dans le cas de l'art. 726, et sans préliminaire de conciliation. Ces demandes seront instruites et jugées comme affaires sommaires. Tout jugement qui interviendra ne pourra être rendu que sur les conclusions du ministère public.

Art. 723. La partie qui succombera sur la demande en subrogation sera condamnée personnellement aux dépens.

Le poursuivant contre lequel la subrogation aura été prononcée sera tenu de remettre les pièces de la poursuite au subrogé, sur son récépissé ; il ne sera payé de ses frais de poursuite qu'après l'adjudication, soit sur le prix, soit par l'adjudicataire.

Art. 725. La demande en distraction de tout ou partie des objets saisis sera formée, tant contre le saisissant que contre la partie saisie ; elle sera formée aussi contre le créancier premier inscrit et au domicile élu dans l'inscription.

ARTICLE 743.

L'article 743 présente une contradiction et une omission. Il règle la conversion de la saisie en vente sur publications volontaires quand *les intéressés sont tous majeurs et maîtres de leurs droits*, et enjoint de se conformer à l'article 962, c'est-à-dire, *d'appeler le subrogé-tuteur à l'adjudication*. Ce même article ne

---

Si le saisi n'a pas constitué avoué durant la poursuite, le délai prescrit pour la comparution par l'article 718 sera augmenté d'un jour par cinq myriamètres de distance entre son domicile et lieu où siège le tribunal. Les parties domiciliées hors de ce territoire n'auront que le délai le plus long accordé aux premières.

ART. 742. Lorsque, à raison d'un incident, ou pour tout autre motif légal, l'adjudication aura été retardée, il sera apposé de nouvelles affiches et fait de nouvelles annonces dans les délais fixés par l'article 704.

965, 1er §. Sont déclarés communs au présent titre les articles 705, 706, 707, 711, 712, 713, 734, 735, 736, 737, 738, 739, 740, 741 et 742.

988, § 2. Sont déclarés communs au présent titre les articles 701, 702, 705, 706, 707, 708, 709, 710, 711, 734, 735, 736, 737, 738, 739, 740, 741, 742, et les trois derniers paragraphes de l'article 965 du présent code.

Si le saisi n'a pas constitué avoué durant la poursuite, le délai prescrit pour la comparution, sera augmenté d'un jour par cinq myriamètres de distance entre son domicile et le lieu où siège le tribunal, sans que ce délai puisse être augmenté à l'égard de la partie qui serait domiciliée hors du territoire continental du royaume.

ART. 726. La demande en distraction contiendra l'énonciation des titres justificatifs qui seront déposés au greffe, et la copie de l'acte de dépôt.

ART. 742. Toute convention portant qu'à défaut d'exécution des engagements pris envers lui, le créancier aura le droit de faire vendre les immeubles de son débiteur sans remplir les formalités prescrites pour la saisie immobilière, est nulle et non avenue.

ART. 964. Sont déclarés communs au présent titre les articles 701, 705, 706, 707, 711, 712, 713, 733, 734, 735, 736, 737, 738, 739, 740, 741 et 742.

ART. 988, § 2. Sont déclarés communs au présent titre les articles 701, 702, 705, 706, 707, 711, 712, 713, 733, 734, 735, 736, 737, 738, 739, 740, 741, 742, les deux derniers paragraphes de l'article 964 et l'article 965 du présent code.

renvoie pas à l'article 957 qui prescrit de dresser le cahier des charges sur lequel doivent être ouvertes les enchères. Le projet du gouvernement n'ordonnait pas d'appeler de subrogés-tuteurs, dans une vente où les intéressés sont tous majeurs et maîtres de leurs droits, mais exigeait un cahier des charges. Pourquoi ces dispositions ont-elles été changées ? L'article 953 du projet ayant été supprimé, l'article 958 qui prescrivait le cahier des charges est devenu l'article 957, et l'article 962 a pris le numéro 961; mais on a laissé subsister dans l'article 743 (745 dn projet) les anciens numéros qui ne correspondaient plus aux mêmes dispositions (1).

---

(1) *Texte des art. 745, 958 et 962 du projet du gouvernement, présenté à la Chambre des pairs le 11 janvier 1840. Impression n° 7, 1840.*

ART. 745. Néanmoins, lorsqu'un immeuble aura été saisi réellement et la saisie transcrite, il sera libre aux intéressés, s'ils sont tous majeurs et maîtres de leurs droits, de demander que l'adjudication soit faite aux enchères devant notaire ou en justice, sans autre formalité que celles prescrites aux articles 958, 959, 960, 961 et 962 sur la vente des biens immeubles.

Texte des articles 743, 957, 958, 961 et 962 de la loi, tels qu'ils ont été promulgués. Bulletin des lois 815, 9e série.

ART. 743 Les immeubles appartenant à des majeurs, maîtres de disposer de leurs droits, ne pourront, à peine de nullité, être mis aux enchères en justice, lorsqu'il ne s'agira que de ventes volontaires.

Néanmoins, lorsqu'un immeuble aura été saisi réellement, et lorsque la saisie aura été transcrite, il sera libre aux intéressés, s'ils sont tous majeurs et maîtres de leurs droits, de demander que l'adjudication soit faite aux enchères devant notaire ou en justice, sans autres formalités et conditions que celles qui sont prescrites aux articles 958, 959, 960, 961, 962, 964 et 965, pour la vente des biens immeubles appartenant à des mineurs.

Seront regardés comme seuls inté-

ARTICLES 970 ET 997.

La suppression de l'article 953 a produit deux autres omissions. Les articles 970 et 6 du projet ,

---

ressés. avant la sommation aux créanciers prescrite par l'art. 692, le poursuivant et le saisi, et, après cette sommation, ces derniers et tous les créanciers inscrits.

Si une partie seulement des biens dépendant d'une même exploitation avait été saisie, le débiteur pourra demander que le surplus soit compris dans la même adjudication.

ART. 957. Les enchères seront ouvertes sur un cahier des charges déposé par l'avoué au greffe du tribunal, ou dressé par le notaire commis et déposé dans son étude , si la vente doit avoir lieu devant notaire.

Ce cahier contiendra :

1° L'énonciation du jugement qui a autorisé la vente :

2° Celle des titres qui établissent la propriété ;

3° L'indication de. la nature ainsi que de la situation des biens à vendre, celle des corps d'héritage, de leur contenance approximative, et de deux des tenants et aboutissants ;

4° L'énonciation du prix auquel les enchères seront ouvertes, et les conditions de la vente.

ART. 958. Les enchères seront ouvertes sur un cahier des charges déposé par l'avoué au greffe du tribunal, ou dans l'étude du notaire commis , si la vente doit avoir lieu devant notaire.

Ce cahier contiendra :

1° L'énonciation du jugement qui a autorisé la vente ;

2° Celle des titres qui établissent la propriété ;

3° L'indication de la nature ainsi que de la situation des biens à vendre, celle des corps d'héritage, de leur contenance approximative, et de deux des tenants et aboutissants ;

4° L'énonciation du prix auquel les enchères seront ouvertes, et les conditions de la vente.

ART. 958. Après le dépôt du cahier des charges, il sera rédigé et imprimé des placards qui contiendront :

1° L'énonciation du jugement qui aura autorisé la vente ;

2° Les noms , professions et domiciles du mineur, de son tuteur et de son subrogé-tuteur ;

3° La désignation des biens, telle qu'elle a été insérée dans le cahier des charges ;

renvoyaient à l'article 955 qui étant devenu l'article 954 ne s'est plus trouvé cité sans autre raison par les articles 970 et 997 de la loi (970 et 6 du projet). De là cette question nuisible à la chaleur des enchères et féconde en procès : les ventes d'immeubles dotaux , que les tribunaux auront renvoyées devant notaire , seront-elles valables en l'absence d'une disposition de l'article 997, autorisant à commettre un notaire conformément à l'article 954 ?

On évitera ces difficultés, en faisant les adjudications de ces biens à l'audience. Mais quand ils seront éloignés du siège du tribunal , s'il retient la vente, il est douteux que les enchérisseurs se déplacent ; s'il la renvoie devant un notaire ou devant les juges de la localité , les acquéreurs pourront être écartés par la crainte de ne pas acquérir valablement. Dans l'un

---

4° Le prix auquel seront ouvertes les enchères sur chacun des biens à vendre ;

5° Les jour, lieu et heure de l'adjudication, ainsi que l'indication, soit du notaire et de sa demeure, soit du tribunal devant lequel l'adjudication aura lieu, et dans tous les cas de l'avoué du vendeur.

ART. 962 Selon la nature et l'importance des biens, il pourra être donné à la vente une plus grande publicité, conformément aux articles 700 et 701.

ART. 961. Selon la nature et l'importance des biens, il pourra être donné à la vente une plus grande publicité, conformément aux art. 697 et 700.

ART. 962. Le subrogé-tuteur du mineur sera appelé à la vente , ainsi que le prescrit l'art. 459 du Code civil ; à cet effet, le jour , le lieu et l'heure de l'adjudication lui seront notifiés un mois d'avance, avec avertissement qu'il y sera procédé , tant en son absence qu'en sa présence.

et l'autre cas le résultat sera le même, la vente sera
faite à vil prix (1)

---

(1) *Texte des art.* 970 § 1er, 6 *et* 955
*du projet présenté à la Chambre
des pairs par le gouvernement le*
11 *janvier* 1840 (Impression n° 7,
1840).

ART. 970, § 1er. En prononçant sur
cette demande, le tribunal ordonnera
par le même jugement le partage, s'il
peut avoir lieu, ou la vente par licitation, qui sera faite, soit devant un
membre du tribunal, soit devant un
notaire, conformément à l'art. 955.

ART. 6. Lorsqu'il y aura lieu de
vendre des immeubles dotaux dans le
cas prévu par l'art. 1558 du Code civil, la vente sera préalablement autorisée sur requête, par jugement rendu
en audience publique. Le tribunal pro-
noncera conformément à l'art. 955 du
présent code. Seront, au surplus, applicables les art. 956 et suivants du
titre de la vente des biens immeubles.

ART. 955. Lorsque le tribunal ho-
mologuera cet avis (l'avis de parents),
il déclarera, par le même jugement,
que la vente aura lieu soit devant l'un
des juges du tribunal, à l'audience des
criées, soit devant un notaire à cet effet commis.

Si les immeubles sont situés dans
plusieurs arrondissements, le tribunal
pourra commettre un notaire dans
chacun de ces arrondissements, et
même donner commission rogatoire à
chacun des tribunaux de la situation
de ces biens.

Le jugement qui ordonnera la vente
déterminera la mise à prix de chacun
des immeubles à vendre. Cette mise à

Texte des articles 970, 997 § 2 *et* 3,
954 *et* 955 *de la loi, tels qu'ils ont
été promulgués. Bulletin des lois*
815, 9e série.

ART. 970. En prononçant sur cette
demande, le tribunal ordonnera par le
même jugement le partage, s'il peut
avoir lieu, ou la vente par licitation,
qui sera faite devant un membre du
tribunal ou devant un notaire conformément à l'art. 955.

Le tribunal pourra, soit qu'il ordonne le partage, soit qu'il ordonne la
licitation, déclarer qu'il y sera immé-
diatement procédé sans expertise préa-
lable, même lorsqu'il y aura des mineurs en cause. Dans le cas de licitation, le tribunal déterminera la mise
à prix, conformément à l'art. 955.

ART. 997. § 2 et 3. Lorsqu'il y aura
lieu de vendre des immeubles dotaux
dans les cas prévus par l'art. 1558 du
Code civil, la vente sera préalablement
autorisée sur requête, par jugement
rendu en audience publique.

Seront, au surplus, applicables les
art. 955, 956 et suivants du titre de la
vente de biens immeubles appartenant
à des mineurs.

ART. 954. Lorsque le tribunal ho-
mologuera cet avis, il déclarera, par
le même jugement, que la vente aura
lieu, soit devant l'un des juges du tribunal à l'audience des criées, soit devant un notaire à cet effet commis.

Si les immeubles sont situés dans
plusieurs arrondissements, le tribunal
pourra commettre un notaire dans
chacun de ces arrondissements, et
même donner commission rogatoire à
chacun des tribunaux de la situation
de ces biens.

ART. 955. Le jugement qui ordonnera la vente déterminera la mise à
prix de chacun des immeubles à ven-

ARTICLE 730.

Une difficulté à laquelle on ne peut échapper est celle qui naît de l'omission dans l'article 730 de la loi (731 du projet) de la disposition prohibitive de l'opposition aux jugements par défaut, en matière de saisie immobilière. Le projet adopté par la Chambre des pairs portait cette interdiction. La commission de la Chambre des députés en proposa l'adoption ; mais à la séance du 14 janvier 1841, une discussion s'éleva sur la rédaction de la partie du même article où étaient énumérés les jugements contre lesquels on ne pourrait pas se pourvoir par appel, et l'article entier fut renvoyé à la commission, qui le lendemain proposa la rédaction devenue l'article 730 et qui fut adoptée sans discussion. La dis-

---

prix sera réglée, soit d'après les titres de propriété, soit d'après les baux authentiques ou sous seing privé ayant date certaine, et à défaut de baux, d'après la matrice du rôle de la contribution foncière.

Néanmoins, le tribunal pourra, suivant les circonstances, soit pour s'éclairer sur l'avis donné par le conseil de famille, soit pour parvenir à fixer la mise à prix, faire procéder à l'estimation totale ou partielle des immeubles.

Cette estimation aura lieu selon l'importance et la nature des biens, par un ou trois experts que le tribunal commettra à cet effet.

dre et les conditions de la vente. Cette mise à prix sera réglée, soit d'après l'avis des parents, soit d'après les titres de propriété, soit d'après les baux authentiques ou sous seing privé ayant date certaine, et, à défaut de baux d'après le rôle de la contribution foncière.

Néanmoins le tribunal pourra, suivant les circonstances, faire procéder à l'estimation totale ou partielle des immeubles.

Cette estimation aura lieu, selon l'importance et la nature des biens, par un ou trois experts que le tribunal commettra à cet effet.

position relative aux jugements par défaut a disparu, sans qu'aucun motif ait été donné de ce retranchement, qui paraît le résultat d'une omission involontaire; car, après avoir donné lecture de l'article, le président au moment de le mettre aux voix , déclara que *la nouvelle rédaction était absolument conforme à l'ancienne, à la seule différence des jugements en matière de subrogation, qui sont susceptibles d'appel lorsqu'il y a collusion ou fraude.* Et deux jours après, M. le ministre des travaux publics, parlant sur la prohibition de la clause de *voie parée,* disait : *N'oubliez pas que nous interdisons l'opposition.*

Si pour faire la loi, la volonté seule du législateur suffit , elle est ici hors de doute. Le gouvernement avait proposé de rendre non susceptible d'opposition les jugements de publication, d'adjudication, et ceux qui auraient statué sur des incidents. La Chambre des pairs étendit ce principe à tous les jugements par défaut , en matière de saisie immobilière. La Commission et la Chambre des députés y adhéra , personne ne contesta, et la Chambre crut le voter. Aussi, MM. Bioche , E. Persil et Paignon ont-ils pensé que l'intention devait suppléer au silence de la loi. Il y a, en effet, une sorte de contradiction à permettre l'opposition aux jugements par défaut, en matière de saisie immobilière, quand il est interdit de s'opposer aux arrêts par défaut, ainsi qu'à ces jugements et arrêts rendus en matière de folle enchère , de surenchère

sur aliénation volontaire et de licitation. Mais M. Chau-
veau, tout en regrettant l'absence de la disposition
omise, soutient que l'opposition est recevable. Elle est
aussi admissible suivant MM. A. Dalloz, Devilleneuve,
Duvergier, Decamps et Rogron. Il ne s'agit pas de se
prononcer en ce moment entre ces deux opinions ;
il suffit de constater leur contrariété. Cette question
doit diviser les magistrats comme elle partage les jurisconsultes. Au milieu de cette divergence, comment
discerner la voie à prendre pour faire réformer un
jugement par défaut ? Si le défaillant forme opposition, on lui répondra qu'il fallait appeler ; s'il interjette
appel, on lui objectera qu'il devait se pourvoir par
opposition. Et la peine de l'erreur du justiciable, ou
de celle des magistrats sera pour lui l'impossibilité de
faire réformer le jugement par défaut, parce que le
délai pour prendre l'autre voie sera expiré. Ainsi, un
citoyen sera atteint dans sa fortune, exproprié, ruiné
peut-être, ou pour avoir mal interprété une loi de
procédure, ou pour n'avoir pas prévu la décision de
ses juges. Le législateur doit-il donner des enigmes à
deviner ?

La stabilité dans les lois est sans doute un principe
salutaire et respectable, mais c'est à condition qu'elles

ne soient pas trop au dessous du degré de perfection
compatible avec les institutions humaines.

Quand une loi est essentiellement défectueuse,
quand le texte est souvent contraire à son esprit,
quand elle menace l'avenir de procès désastreux, le
devoir du législateur est de la réviser.

NEVERS, IMPRIMERIE DE C. SIONEST.

www.ingramcontent.com/pod-product-compliance
Lightning Source LLC
Chambersburg PA
CBHW060452210326
41520CB00015B/3925